D1720565

Paul Swiridoff

Marburg

Einleitung
Ingeborg Schnack

Verlegt bei
Günther Neske
Pfullingen

Die Herausgabe dieses Buches haben gefördert:
Der Magistrat der Stadt Marburg
Die Sparkasse der Stadt Marburg
Das Kaufhaus Horten in Marburg

Die Herausgabe dieses Buches haben gefördert:
Der Magistrat der Stadt Marburg
Die Sparkasse der Stadt Marburg
Das Kaufhaus Horten in Marburg

Marburg – seit 1966 urkundlich »Universitätsstadt Marburg an der Lahn« benannt – ist eine Stadt der Jugend. Junge Menschen prägen das Straßenbild, jeder vierte Bewohner ist ein Student. Selbst die großen Namen auf den Tafeln an den alten Häusern gelten oft jungen Gelehrten, die hier ihre Laufbahn begannen, manche kaum zwanzig Jahre alt: sie alle führte ihr steigender Ruhm dann an größere Wirkungsstätten, Savigny, den großen Rechtshistoriker, den Chemiker Robert von Bunsen, den Historiker Heinrich von Sybel, Carl Justi, den Winckelmann-Biographen und Velasquez-Forscher, Adolf von Harnack, den Theologen, den Chirurgen Ferdinand Sauerbruch, Ernst Robert Curtius, den berühmten Romanisten, den Philosophen Martin Heidegger und den Wirtschaftswissenschaftler Wilhelm Röpke. Die ungebrochene Frische ihrer Arbeitskraft und Kreativität belebte zuvor die kleine bescheidenere hessische Hochschule und beschenkte sie mit fortwirkenden Impulsen.

Ihrer Marburger Jugendjahre und Studienzeit in der engen und alten, doch in Grün und Wald gebetteten Kleinstadt gedenken treulich dankbar große Schüler bedeutender Gelehrter: der russische Naturforscher und Dichter Michail Lomonossow (1739) als Schützling Christian Wolffs, Jacob und Wilhelm Grimm (1802/03), die ihrem Lehrer Savigny in lebenslanger Freundschaft verbunden blieben und sich in seinem Kreis Clemens Brentano und seine Geschwister zu Freunden gewannen. Im damals neuen ›alten‹ Chemischen Institut an der Bahnhofstraße erarbeiteten die Nobelpreisträger Otto Hahn (1901) und Karl Ziegler (1920) ihre Doktordissertationen, ein weiterer Nobelpreisträger, Adolf Butenandt, empfing hier 1921 den entscheidenden Fingerzeig für die künftige Studienrichtung, die Synthese von Biologie und Chemie. Von stürmisch bewegter Studienzeit berichten Boris Pasternak und Werner Bergengruen (1912), von einem ihn für alle Zeit prägenden Erlebnis spricht Ortega y Gasset: »Ich kann die Landschaft des Escorial nicht betrachten, ohne daß mir fein und fern das Bild eines anderen Ortes vorschwebt... Es ist eine kleine gotische Stadt an einem stillen dunklen Fluß zwischen sanft gerundeten Hügeln, die ganz mit dichten Tannen- und klaren Buchenwäldern bestanden sind.«

Sie alle waren jung in Marburg, nicht immer glücklich, wie Brentano und Pasternak bekennen, aber genial, wissensdurstig, voller Eifer – sie und Generationen Studierender machten und machen auch heute Marburg froh, aufgeweckt, lebendig und – jung.

Wie kann es anders sein, werden doch die Wendepunkte in Marburgs Geschichte in drei sehr jungen Fürstengestalten sichtbar: in Elisabeth, der heiliggesprochenen Landgräfin von Thüringen, in ihrer Tochter Sophie, Herzogin von Brabant, der Begründerin Hessens als eigener Landgrafschaft, und in Philipp dem Großmütigen, der 1518 knapp vierzehnjährig zur Herrschaft kam und 1527 im Zuge der Reformation die erste protestantische »Hohe Schule« in Marburg eröffnete, aus eigener Machtvollkommenheit, ohne die Zustimmung von Papst oder Kaiser. In völliger Hingabe und fast ungestümem Wollen wandten sich diese drei jugendlichen Menschen ihren selbstgestellten Aufgaben zu und es gelang ihnen, ihre Schöpfungen mit unversieglichem Leben zu erfüllen: Elisabethkirche, Schloß und Universität legen von ihrem Wirken

Marburg

Zeugnis ab, Marburgs Stadtbild und Geschichte, seine Vergangenheit, aber auch Gegenwart und Zukunft der Stadt sind von ihnen bestimmt.

Als die verwitwete Landgräfin Elisabeth 1228 Eisenach und die Wartburg verließ und ihrem Beichtvater Konrad von Marburg in diesen äußersten westlichen Zipfel der Landgrafschaft Thüringen folgte, hatte sie von ihren Schwägern Heinrich und Konrad nur ein bescheidenes Wittum empfangen. Eine schlichte Turmburg auf der Höhe des Sandsteinfelsens über der Lahn, eine kleine Marktsiedlung am oberen Südosthang, um die romanische Kilianskapelle gelagert, vielleicht schon ummauert, als ›oppidum‹ oder ›civitas‹ in den Urkunden bezeichnet, erwarteten sie. Das Stadtsiegel war dem ihres 1227 in Otranto auf dem Fünften Kreuzzug gestorbenen Gemahls nachgeschnitten, auch Ludwig IV. führte den gewappneten Reiter mit Fahne und Löwenschild. Marburg war eine landgräfliche Stadt, die 1222 ihren Herren, eben Ludwig IV., in der größeren romanischen Stadtkirche zu einer Gerichtssitzung empfangen hatte. Den Thüringern war dieses Gebiet hundert Jahre zuvor nach dem Aussterben des Geschlechts der Gisonen als Erbe zugefallen.

Elisabeth aber mied selbst diese einfache Bleibe. Die ungarische Königstochter hatte das graue Gewand des Dritten Ordens der Franziskaner angelegt, völlige Armut gewählt, ihre Kinder, den Sohn Hermann und die Töchter Sophie und Gertrud, in geistliche Obhut gegeben, und lebte nur dem Dienst an Armen und Kranken. Außerhalb der Stadt, im Tal der nördlichen Lahnwiesen, errichtete sie unweit einer Kapelle, die vielleicht einem verlassenen Herrenhof zugehörte, ein Fachwerkhäuschen – »von leymen unde holtze« – mit einem winzigen Spital, das sie dem heiligen Franziskus weihte. Was sie brauchte und fand, war eine frische Quelle, die noch heute als ›Elisabethbrunnen‹ unweit der Kirche hervorsprudelt. Dieses Franziskusspital, das die Deutschordensritter seit 1235 durch das südlich der Elisabethkirche gelegene Elisabethspital ersetzten, ist die Keimzelle des heutigen großen Klinikviertels, das sich hinter dem Chor der Kirche bis zur Lahn hinab erstreckt. Hier entstand unter preußischer Verwaltung die Vielzahl der medizinischen Einrichtungen im unbebauten Wiesengrund: Jahr um Jahr konnte im Jahrzehnt zwischen 1885 und 1895 ein neues medizinisches oder naturwissenschaftliches Institut, eine Klinik begonnen oder in Gebrauch genommen werden; in Marburg schrieb sich 1887 der 1000. Student ein. Aus ländlichen Feldwegen entstanden Deutschhausstraße, Biegenstraße, Savignystraße (1896). Die frühgotische Ruine der Franziskuskapelle am Pilgrimstein, nicht weit vom Denkmal für Emil von Behring, den Retter der Kinder, zeugt als letzter Überrest vom Ordensspital, das zu der machtvollen, von eigenen Mauern und Türmen geschützten Niederlassung des Deutschen Ordens gehörte, die ringsum die Grabeskirche der Heiligen umgab. Außer dem malerischen langgestreckten Herrenhaus, das einen älteren Westflügel mit dem spätgotischen Flügelbau des Komturs verbindet, und einem Kornspeicher von 1515 ist diese Anlage in den Jahrhunderten nach der Reformation zugrundegegangen. Der Orden verarmte – 1809 hob ihn Napoleon in Deutschland auf – die restlichen Bauten, darunter das Spital, wurden der Universität zur Nutzung überwiesen.

Drei Jahre nur ertrug Landgräfin Elisabeth, jetzt Schwester Elisabeth, ihr hartes, der Sorge für die Armen, der Pflege von Kranken und Krüppeln geweihtes Leben; in der Nacht vom 17. zum 18. November 1231 erloschen die Kräfte der vierundzwanzigjährigen klugen und willensstarken, in franziskanischer Armut lebenden Fürstin. In ihrer Spitalskapelle wurde sie zu Grabe getragen, und alsbald verbreitete sich die Botschaft von den wunderbaren Heilungen Lahmer, Blinder, Irrer und Aussätziger an ihrer Gruft. Ihr geistlicher Berater Konrad von Marburg sandte nach Jahresfrist einen Bericht über Elisabeths heiligmäßiges Leben und Scheiden an Papst Gregor IX., in dem über 34 Wunderheilungen bezeugt sind. Verbitterte Gegner erschlugen Magister Konrad, den der Papst zum Ketzerrichter bestellt hatte, schon im folgenden Jahre (30. 7. 1233) am Waldrand vor Marburg, noch bevor dieser sein Ziel, die Heiligsprechung Landgräfin Elisabeths, erlangt hatte. Diese erreichte Landgraf Konrad, Elisabeths Schwager, der gemeinsam mit seinem Bruder, Landgraf Heinrich Raspe von Thüringen, das Erbe Elisabeths, ihr Spital und die wundertätige Grabstelle beanspruchte. 1234 tritt er in einem Sühnakt mit neun Rittern und zwei Klerikern in den Deutschen Orden ein, 1235 erhebt Papst Gregor IX. in Perugia Elisabeth in die Reihe der Heiligen (1. 6.). Am 14. August wird in Marburg in Gegenwart des Hochmeisters des Deutschen Ordens, Hermann von Salza, der Grundstein zur Grabeskirche der Heiligen Elisabeth gelegt.

Als Kirche des Deutschen Ordens ist sie der Jungfrau Maria geweiht, als einzige Statue schmückt ihr Bild das Westportal der Kirche, sie steht, von zwei knienden Engeln verehrt, vor einem Geflecht aus Weinlaub und Rosen. Wen der Bauherr, Landgraf Konrad, zum Meister dieses frühgotischen, in klaren Formen und reinen Maßen errichteten Bauwerks berief, ist unbekannt. Verwandtschaft besteht zur Liebfrauenkirche in Trier, ein dreiblättriger Chor schließt das Langhaus ab. 1236 findet in Anwesenheit Kaiser Friedrichs II., der in der Landgräfin Elisabeth eine ›Geblütsheilige‹ verehrt, die Erhebung der Gebeine aus der Gruft in der kleinen Franziskusbasilika statt, die an Stelle der früheren Kapelle von Meister Walter errichtet, lange schon die Scharen der andrängenden Pilger und Kranken nicht mehr fassen kann. Diese Szene ist auf einem der Schnitzaltäre Ludwig Juppes (1510) dargestellt, die sich in der Elisabethkirche befinden. Der Kaiser spendet einen Kronreif für das Kopfreliquiar, Edelsteine und Perlen zum Schmuck des von rheinischen Goldschmieden gearbeiteten Reliquienschreins, dem wohl kostbarsten Kunstwerk, das die Kirche heute in ihrer Sakristei verwahrt. Der große Wirkteppich mit dem Gleichnis vom verlorenen Sohn aus dem Anfang des 15. Jahrhunderts wird jetzt im Universitäts-Museum gezeigt. Landgraf Konrad starb als Hochmeister des Deutschen Ordens 1240 in Rom, lange vor der Vollendung des Baues, sein Grab ist das erste und älteste der zehn Hochgräber im Südflügel des Chors und von herber Strenge. Das Grab Heinrichs I. von Hessen (gestorben 1308) spricht mit Milde zum Betrachter, am schönsten ist der Sarkophag Ludwigs I. (gestorben 1458), den Meister Hermann 1471 geschaffen hat: beide Gestalten hielt Adolf Menzel bei seinem Besuch in Marburg im Skizzenbuch fest (1847) und R. M. Rilke beschreibt die Grablege der hessischen Landgrafen in einem Brief an seine Frau vom 27.

7

Juli 1905: »Und in dem einen Seitenflügel steinerne Grabmäler aus dem 14. und 15. Jahrhundert, – Männer in Eisen liegend, das rechte Bein ein wenig angezogen, die eisernen Handschuh aneinandergelegt. Und das Gesicht tief drin, zwischen Halsberge und Visier, beschattet und beschienen von beiden« – »Gesichter wie Kerne in den aufgesprungenen Helmschalen« notiert er bei seinem zweiten Besuch im September 1906.

Der Ostchor der Kirche gelangte 1249 als erstes zum Abschluß. Auf dem Altar stand der Reliquienschrein; der Nordchor überwölbte dann die einstige Grabstätte Elisabeths, ein Baldachin erhebt sich über dem Sarkophag, an dessen Langseite ein Relief Elisabeths im Kleid der Tertiarierinnen auf dem Totenbett zeigt, das Christus, Petrus, die Heiligen Katharina und Magdalena und mitten unter ihnen Landgraf Konrad umstehen. Vor dem Lager hocken Krüppel, Bettler und Kranke. Dies um die Mitte des 13. Jahrhunderts geschaffene Werk hält das Gedenken an Elisabeths Marburger Jahre in Armut und Aufopferung fest. Die herrlichen Medaillons des farbigen Elisabethfensters und die acht Reliefs auf den Dachschrägen des Schreins, die in gleicher Treue Szenen aus dem Leben der Heiligen schildern: den Abschied der Gatten, Elisabeth empfängt den Ring des verstorbenen Landgrafen, sie speist die Armen, tränkt die Durstigen, verteilt Gaben unter die Bedürftigen – lassen in der Heiligen noch immer die Gestalt der Fürstin aufleuchten; fürstliche Demut ist es, was sie hier auszeichnet.

1283 wurde das Langhaus vollendet, die Kirche geweiht, die achtzig Meter hohen Türme sind erst um 1350 fertig; nur Macht und Reichtum des Deutschen Ordens konnten in Marburg einen Kirchenbau dieser Größe und Schönheit erstehen lassen, der Elisabeths Ruhm, »gloria Teutonie«, sichtbar verkörperte.

Der Kirche wuchs die Stadt entgegen; nicht nach Westen und Süden breitete sie sich aus – nach Osten war der Felssturz zum Flußufer zu steil –, nach Norden stiegen die Häuser von der alten Stadtgrenze auf der Wasserscheide über Neustadt und Steinweg zum Elisabethertor hinunter. Über diese Straßen an stattlichen Fachwerkhäusern vorbei, denn am gepflasterten ›Steinweg‹ wohnten die Reichen, führt der Aufstieg in den Kern der Altstadt und weiter zu Renthof und Schloß. Den raschen Aufschwung, Wohlstand und Blüte verdankte die Stadt dem unablässigen Pilgerstrom, der zu Elisabeths wundertätiger Grabstätte drängte. Marburg wurde zu einem der vier großen Wallfahrtsorte der Christenheit.

Größeres fast empfingen Stadt und Land von ihrer Schutzpatronin in Gestalt von Elisabeths älterer Tochter Sophie von Brabant: eine neue Herrin und ein neues Landgrafengeschlecht. Sophies herrscherlicher Wille und unverzagter Mut beanspruchten und behaupteten das Witwengut der Mutter für Heinrich das Kind, ihren Sohn. Ihr Bruder Hermann war früh verstorben und nach dem Tode ihres Oheims Heinrich Raspe 1247 das thüringische Landgrafenhaus erloschen. Am Marktbrunnen, dem »Komp«, ließ Herzogin Sophie die Marburger 1248 ihrem damals zweijährigen Sohn huldigen. Jung verwitwet wie ihre Mutter wurde sie damit zur Begründerin der Landgrafschaft Hessen, 600 Jahre und länger, bis zur

Annexion Hessens durch Preußen 1866, regierte das Haus

11

Brabant, ein Geschlecht von europäischem Rang, zwischen Weser und Rhein, griff unter Heinrich dem Reichen (1479) über die Mainlinie hinaus und hielt diesen Besitz bis zum Tode Philipps des Großmütigen (1567) fest in einer Hand. Marburg galt damals als »metropolis Hassiae«. Sophie setzte ihre Rechte in harten Kämpfen gegen die Erbansprüche des Markgrafen von Meißen und gegen den Erzbischof von Mainz durch, der die hessischen Gebiete als erledigtes Reichslehen beanspruchte. 1264 konnte die »domina Hassiae« ihrem Sohn Heinrich I. einen leidlich gefestigten Besitz übergeben, bis zu ihrem Tode 1275 wohnte sie in Marburg in der alten Turmburg, an die ein schlichter Pallas grenzte.

Um die Mitte des 13. Jahrhunderts setzte in Marburg eine stürmische Bautätigkeit ein, zumal die große Bauhütte der Elisabethkirche Meister und Bauleute anzog. Marburgs bis heute erhaltenes Stadtprofil begann sich abzuzeichnen. An der Südwestecke, dicht hinter der Stadtmauer, führten die Franziskaner ihr gedrungenes, weitläufiges Kloster auf. Ihre Kirche am Plan, zum Teil abgerissen, wurde 1723 Reithaus für ›die Studenten von Stande‹, jetzt ist das Institut für Leibesübungen dort beheimatet; auch der erhaltene Südflügel des Klosters bietet Universitätsinstituten Unterkunft. Auf der Südostecke, dem Felsen über der Lahn, ließen seit 1291 die Dominikaner ihr Kloster erstehen, die um 1320 geweihte Kirche setzt den ersten Akzent im Rhythmus der in Stufen bergan steigenden Stadt.

Der Deutsche Orden, Patronatsherr für Marburg, ließ die alte romanische Stadtkirche niederlegen und auf mächtiger Terrasse am Südhang des Schloßberges die Marienkirche aufführen. Man begann mit dem hohen gotischen Chor, der 1297 geweiht wurde. Das Langschiff entstand in langer Bauzeit, zuletzt unter der Leitung Meister Tyle von Frankenbergs (1318–1390). Über den steilen Dächern des tieferliegenden Straßenzuges der Barfüßerstraße, den aufsteigenden Gassen, hebt sich die Marienkirche beherrschend in das Stadtbild. Am Kirchplatz bilden der steile schlanke Chor mit seinem zierlichen Renaissancevorbau und der »Kärner« (carnarium), das einstige Beinhaus, einen reizvollen architektonischen Zusammenklang. Der Kärner ragt von seinen schweren Grundmauern zur oberhalb der Kirche verlaufenden Ritterstraße empor: ein Doppelkapellenbau: die Heilig-Kreuz-Kapelle im Obergeschoß wurde zunächst auch für Ratssitzungen benutzt, sie brannte 1456 aus; später baute man sie zum Pfarrhaus um, das zum Elternhaus Carl Justis wurde.

Wie man von unten aus der Stadt über den Wendelstein, einen Treppenturm, zur Terrasse aufsteigt, zu der einige Häuser aus der Dachluke einen Steg schieben (Freiherr Knigge nannte Marburg 1771 dieserhalb eine »närrische Stadt«), so tritt man aus der oberen Haustür des Kärner zur Ritterstraße hinaus. Auch offene Treppen verbinden die Straßenzüge miteinander: »Zu Marburg muß man seine Beine rühren und Treppe auf, Treppe ab steigen...« schrieb Jacob Grimm, der in der Barfüßerstraße wohnte und täglich den Weg zu Savignys Haus am Forsthof in der Ritterstraße erklomm. Clemens Brentano liebte den Blick aus dieser Höhe: »Wenn ich jetzt an mein Fenster trete, liegt unter mir eine ganze Stadt, neben mir sehe ich eine Meile im Umkreis Garten, Feld, Wiese, Wald, Fluß, Weg, Tal, Berg, alles nah und vertraulich...«

(26. 8. 1803 an Sophie Mereau); ein andermal heißt es: »Nur das Große der Stadt berührt mich. Die Türme sehen mir in die Fenster und die Stadtuhren sind meine Wanduhren.« Hier ist fast alles noch wie einst, der Pulverturm über dem romanischen Kalbstor, dem letzten erhaltenen Tor der Stadt, den Bettine Brentano nächtlich mit einer Leiter erstieg und auf dem sie sich im Herbststurm an den Vogelbeerbaum klammerte, heißt seither »Bettinaturm«.

Ursprünglich waren in der Ritterstraße dicht unter der Burgmauer die Burgmannen ansässig. Allmählich entstanden hier die uns heute bescheiden anmutenden Herrensitze hessischer Adelsfamilien, später der Hofbeamten, vielfach um kleine Innenhöfe gelagert. Denn Marburg wurde landgräfliche Residenz. Herzogin Sophie hatte ihrem Sohn die stolze Wartburg nicht erstreiten können, nur eine Grenz- und Wachtburg war mit der »Marcpurg« errungen worden. Für Heinrich I. galt es, sich einen Fürstensitz zu schaffen, vor allem fehlte ein Wohnbau, dieser wurde gegen Osten von der Schloßkapelle abgeschlossen, die 1288 geweiht werden konnte; auch hier waren die Bauleute der Elisabethkirche tätig. Der Umriß des Schlosses, wie er sich von Süden her abzeichnet, wurde damit sichtbar. Auf der Nordseite ließ Heinrich vor seinem Tode (1308) noch den größten Burgensaal Deutschlands beginnen, der 1330 unter seinem Sohne, Bischof Ludwig von Münster, vollendet wurde. Damit ist der erste große Bauabschnitt in Marburgs Geschichte zu Ende gegangen – Marburg eine gotische Stadt geworden.

Es brauchte ein Jahrhundert, bis eine glückliche Konstellation wiederum einen Bauherrn mit großen Mitteln und einen bedeutenden Baumeister zusammenführte. Landgraf Heinrich III. herrschte von 1458 bis 1483 in Hessen, seine Gattin, Landgräfin Anna, die Erbtochter der rheinischen Ober- und Niedergrafschaft Katzenelnbogen, brachte den Reichtum mit, Hans Jakob von Ettlingen wurde ihr Baumeister. Dieser war eigentlich Festungsbaumeister, dem die festen Burgen und Städte in Hessen, wie Schloß Herzberg oder Neustadt mit dem Junker-Hansen-Turm, ihre Wehrbauten verdanken.

Meisterlich erfüllte er in Marburg die Wünsche Heinrichs des Reichen, indem er zugleich einen geräumigen Wohnsitz und ein festes Schloß schuf. Von den machtvollen Türmen steht noch der »Hexenturm« im Norden, der damals hochgezogene Südflügel birgt mit dem Arbeitszimmer Landgraf Philipps den Raum, in dem die Schweizer und Wittenberger Reformatoren, Zwingli und Luther, im Marburger Religionsgespräch (1529) vergeblich um die Einheit des Protestantismus rangen, die Philipps politisches Konzept so dringend erforderte. Heinrichs Tod bedeutete keinen Abbruch der Bautätigkeit, Landgräfin Anna ließ sich einen Kemenatenbau errichten, der Saalbau und Schloß verband – ihr Sohn, Landgraf Wilhelm III., erbaute für sich und seine junge Frau einen in sich abgeschlossenen, auf schmaler Basis kühn aufstrebenden schmucklosen Wohnsitz, den Wilhelmsbau auf der Ostseite des Schloßbergs, der durch seine glücklichen Proportionen die Schloßbauten harmonisch abschließt (1493–97). Über dem Eingangsportal grüßt ein Frühwerk des Marburger Bildhauers Ludwig Juppe, ein Vorläufer seines schönen Wappensteins über der Pforte am Treppenturm des Rathauses.

Während die Arbeiten am Schloß vorangingen, entstand auch in der Stadt manche Veränderung. Magister Heinrich im Hobe (Imhof) erhielt von Landgraf Heinrich III., seinem Gönner, zur Abrundung eigener Liegenschaften ein Grundstück an der Westmauer der Stadt, sowie die Abgabenfreiheit für seine Gründung des »Fraterhauses zum Löwenbach«, eines schlichten Brüderhauses der Brüder vom gemeinsamen Leben. Oberhalb der Barfüßerstraße bildeten Brüderhaus, Totenhof und die zierliche Kirche eine Stätte stiller Frömmigkeit. Wegen ihrer Kopfbedeckung, der Kogel, hießen die Brüder in Marburg »Kugelherren«, ihre 1482 geweihte einschiffige Kirche die »Kugelkirche«. Turmlos wie die Dominikanerkirche trägt sie nur einen Dachreiter, ein feingestaltetes Netzgewölbe schmückt den Chor, ihr hohes Tabernakel, um 1520 geschaffen, ist ein Glanzstück spätgotischer Kunst. Nach der Reformation predigten hier zunächst die jungen protestantischen Theologen, 1687 wies Landgraf Karl das kleine Gotteshaus der französisch-reformierten Hugenottengemeinde zu, bis 1823 wurde allsonntäglich französisch gepredigt. 1827 verlegte man den katholischen Gottesdienst aus dem Chor der Elisabethkirche, wohin noch die Schwestern Bettine Brentano und Gunda Savigny zur Messe gingen, dorthin.

Die Westseite Marburgs wurde auch dadurch zum geistlichen Viertel Marburgs, daß die Ordensniederlassungen aus dem Lande dort ihre Stadthäuser, die »Termineien«, errichteten. Auf der Nordseite des Schloßbergs dagegen erhob sich die einzige ›feste‹ Behausung in Marburg, der Dörnberger Hof, von Ettlingen erbaut; sein Besitzer Hans von Dörnberg wurde als Landhofmeister der »heimliche Landgraf« genannt, er starb 1506. Sein Haus mit dem starken Turm ist in der Mitte des 19. Jahrhunderts zur Sternwarte umgestaltet worden, im Unterstock richteten sich Geologen und Mineralogen, im ersten Stock die Physiker ihre Institute ein. Inzwischen residieren hier die Geographen.

Die prächtigen Fachwerkhäuser, die noch immer Marburgs Altstadtstraßen säumen, mit hohen Giebeln, mehrgeschossigen gewinkelten Eck-Erkern, wenn auch ohne den Schmuck von Schnitzereien, wie man sie in Niedersachsen findet, sind fast ausnahmslos jüngeren Datums – nur die Keller unter den Häusern sind gotisch gewölbt. Die schönsten Bürgerhäuser sind am Obermarkt erhalten, auch sie folgten dem Rathaus erst später, dessen Bau sich verzögerte, zumal bei der Pestepidemie von 1483 fast die Hälfte der Einwohnerschaft, an 2500 Menschen, zugrunde ging. So dauerte es bis in den Beginn des 16. Jahrhunderts, bis die Marburger ihr Rathaus beim Stadt-Maurer Jost und Meister Kuno von Lich in Auftrag gaben. 1512 wird der Grundstein gelegt, von 1517 bis 1522 muß der Bau aus Geldmangel ruhen, 1527 ist das schlichte Bruchsteingebäude vollendet. Seine überaus steile Südfront hebt sich über dem ›Hirschberg‹ viergeschossig empor, zur Seite führen 33 Stufen auf die Höhe des Marktplatzes, der erst durch diesen Bau gegen die untere Stadt abgeschlossen wurde. Die ihm zugewandte Schauseite erhielt ihren Schmuck durch Marburgs Renaissancebaumeister Ebert Baldewein, er schuf den reichen Giebelaufsatz auf dem Treppenturm, in den Christoff Dohrn aus Lich die kunstvolle Uhr einbaute, bei der zu den vollen Stunden ein Hahn auf der obersten Spitze laut krähend die Flügel schlägt. 1574 erweiterte Baldewein das

Rathaus zudem um einen Küchenbau, denn im großen Rathaussaal wollten die Bürger Hochzeiten feiern.

Zwischen Hans Jakob von Ettlingen († 1507) und Ebert Baldewein († 1593) hat kein fürstlicher Baumeister in Marburg gewirkt, dabei fiel in diese Zwischenzeit die Gründung der Universität durch Landgraf Philipp. Für seine Hohe Schule und das zugehörige Pädagogium benötigte Philipp keine Neubauten. Professoren und Studenten fanden für Bibliothek und Vorlesungen, für Laboratorien und selbst den Seziersaal ausreichend Raum in den Klöstern, die der Landgraf im Zuge der Reformation räumen ließ. Die juristische Fakultät wurde in das Dominikanerkloster eingewiesen, sie stellte mit Johann Eisermann den ersten Rektor. Das Collegium philosophicum und das der Mediziner fanden ihren Platz im Franziskanerkloster am Plan, im Chor der Kirche wurde dort ein chemisches Laboratorium eingerichtet und mit Johannes Hartmann 1609 die erste Professur für Chemie in Europa besetzt. Die Theologen zogen in die Stiftung der Kugelherren ein, im Fraterhaus wohnten Studenten. Einzelnen bevorzugten Professoren schenkte Philipp freiwerdende Stadthäuser. Die Bibliothek erhielt im Südflügel des Barfüßerklosters einen Raum, dehnte sich schließlich über den ganzen Bau aus und blieb dort bis 1900. Mit elf Professoren und etwa 90 Studierenden eröffnete am 1. Juli 1527 Philipps Kanzler Johannes Feige die Universität. Bis in die Neuzeit mußte ihr der enge klösterliche Rahmen genügen, erst 1870 begann die preußische Universitätsverwaltung mit dem Abbruch des Dominikanerklosters, an dessen Stelle Karl Schäfer in neugotischem Stil seinen Neubau errichtete, steil über dem Lahntor, wobei die Dominikanerkirche, jetzt Universitätskirche, unangetastet blieb. 1891 wurde diese »Alte Universität«, wie sie heute heißt, vollendet, sie dient jetzt den Theologen.

Die Marburger erlebten den Anbruch der neuen Zeit nicht ohne Zaudern und Ängste. 1526 zog ein letztes Mal die große Fronleichnamsprozession von Kloster zu Kloster durch die gesamte Stadt hinab zur Elisabethkirche. Diese war gerade in den zurückliegenden Jahren mit Werken Ludwig Juppes neu ausgestattet worden, mit der Elisabethstatue im Zelebranten-Stuhl und vier großen Wandaltären. So fiel der Stadt der Abschied von ihrer Vergangenheit als Wallfahrtsort nicht leicht. Und auch die Aufnahme der neuen Hohen Schule vollzog sich nicht ohne Sträuben, erst 1546 schlossen Stadt und Universität eine Übereinkunft zur Verhinderung der ständigen Raufhändel zwischen Bürgersöhnen und Studenten, in denen 1551 ein Student ums Leben kam. Freilich ließ Philipp die Bürgerschaft bei der Aufhebung der Klöster nicht leer ausgehen, die alte Kilianskapelle wurde Stadtwaage, ihr Chor Zunftstube der Schuhmacher, der Totenhof der Dominikaner wurde zum Kornmarkt. Auch die Totenkapelle des Deutschen Ordens, das »Michelchen«, ging 1550 in städtischen Besitz über, und so viele Kapellen man auch verfallen ließ, diese 1270 geweihte Michaels-Kapelle birgt sich noch heute am Berghang der Elisabethkirche gegenüber. Alle Zukunft gründete sich für Marburg von jetzt an auf die Universität, zumal Philipp in einem schroffen Akt der »abgotterey« der Elisabeth-Verehrung ein Ende setzte und die landgräfliche Residenz immer häufiger nach Kassel verlegte. Damit schied Marburg, für kurze Zeit unter Philipps Sohn Ludwig IV. noch Sitz der »Marburger

Nebenlinie«, 1604 aus der großen Politik aus. Ende des 16. Jahrhunderts erlebte es eine letzte Blütezeit unter hessischer Herrschaft. Baldeweins Renaissancebauten, reich an Volutengiebeln und Figurenschmuck, verliehen der Stadt einen anmutigen Zug. Von der Schloßhöhe bis zur Weidenhäuserbrücke begegnen seine Werke: die schöne Rentkammer an der Südfront des Schlosses und sein Haubenreiter, dazu Zeughaus und Treppenturm, weiter unten am Berg die landgräfliche Kanzlei, dies- und jenseits der steinernen Lahnbrücke (1250) Herrenmühle und St. Jacob-Spital. Um diese Zeit fand Marburgs vieltürmiges Stadtbild Aufnahme in die ältesten Topographien – zuletzt 1646 in den Merian.

Damals war schon der große Krieg über die Stadt dahingegangen, der sich über die Friedensschlüsse hinaus im erbitterten Streit um das Marburger Erbe zwischen den verfeindeten Vettern von Hessen-Kassel und Hessen-Darmstadt ausgetobt hatte. Dabei war auch das Schloß, die reich ausgestattete Residenz, in Trümmer gesunken. Zwar wurden Schloß und Universität (1653) aus den spärlichen Mitteln der Landgrafschaft Hessen-Kassel wieder ›aufgerichtet‹, die Stadt erholte sich nicht, zumal das von Landgraf Karl mit verstärkten Befestigungen versehene Schloß im Siebenjährigen Krieg zwischen Hessen, die zu Preußen hielten, und Franzosen ein Zankapfel blieb und mehrfach die Besatzung wechselte. Schließlich wurde es in den napoleonischen Kriegen erobert, seine Befestigungen mußten gesprengt werden, bis 1869 nutzte man es als Gefängnis. In preußischer Zeit diente es als Staatsarchiv; das Land Hessen überließ es 1950 der Universität für die von Rudolf Otto, dem Erforscher der Fremdreligionen, gegründete religionskundliche Sammlung.

Der Übergang des Kurfürstentums Hessen-Kassel in den größeren Staatsverband des Königreiches Preußen bedeutete, daß nach 1866 ein Zustrom neuer Energien und größerer Mittel nach Marburg floß. Ebenso rasch wie im Norden das Klinikviertel heranwuchs, entstand im südlichen Talgrund ein Wohnbereich, an dessen Altstadtgrenze die »Stadtsäle«, die Universitätsbibliothek und Schulbauten sich vorschalteten. Die durchsonnten, von alten Gartengrundstücken durchzogenen Hanglagen wandelten sich in Villenviertel. Der Stadt stand ausreichend Baugrund außerhalb des Mauerrings zur Verfügung (bis 1866 waren allabendlich die Stadttore geschlossen worden), so daß diese vierte große Bauperiode nach der langen Stagnation ausklingen konnte, ohne allzugroße Zerstörungen in der Kernstadt anzurichten, wenn auch Deutschlands ältestes Fachwerkhaus an der Neustadt (1320 erbaut) 1873 abgerissen wurde. Marburgs »steinernes Haus« am Markt (1257) und das »steinerne Haus zum Schwan« (1529) in der Nicolaistraße, das »Hochzeitshaus«, blieben bis heute unversehrt.

Unter dem Druck von 7000 Neubürgern und 10000 Studenten erlebt Marburg in den letzten Jahrzehnten die stärkste bauliche Umwälzung. Eine Stadtautobahn verstärkt die Abschnürung der Altstadt von den jenseits der Lahn gelegenen Stadtteilen. Große weitausgreifende Brückenbauten müssen die Verklammerung herstellen. Diese neuen Baugebiete sind umfangreicher und liegen höher als der Stadtkern, vor allem, wenn der Universitäts-Kampus für die medizinischen und naturwissenschaftlichen Fachbereiche auf den Lahnbergen, für

den der Hochwald gelichtet wurde, mit den Neubaubereichen auf Richtsberg und Glaskopf zusammengewachsen sein wird. Vorerst verbinden nur ›Schrittsteine‹ wie die Türme der Geisteswissenschaften an der Lahn (1967) und das Studentendorf im Norden die einzelnen Gebiete. Im Tal ist der Baugrund erschöpft, in steigendem Maße verfällt das Südviertel dem Abbruch, Schulen weichen Kaufhäusern – sie werden bewußt aus Verkehrsgefährdung und -lärm herausgezogen und den neuen Wohngebieten zugeordnet. Der Elisabeth-Tradition entspricht es zugleich, den Hilfsbedürftigen Hilfe zu gewähren; so bietet Marburg ein Rehabilitationszentrum für behinderte Studenten, eine Blindenstudienanstalt, Sonderschulen und beschützende Werkstätten.

Gemeinsam füllten Stadt und Universität im Verlauf der sechziger Jahre die große am ›Biegen‹ klaffende Baulücke zwischen Nord- und Südviertel, dort, wo die Lahn in weitem Bogen die Stadt umfließt. Der erste Weltkrieg hatte hier den Bau weiterer vielstöckiger Mietshäuser unterbrochen, am Lahnufer erhoben sich isoliert zwei hohe Schulbauten. Weites Gartenland erstreckte sich vom Mühlgraben unter dem schroff aufsteigenden ›Bulchenstein‹ bis zum Fluß.

Alt und Neu prallen an der Biegenstraße architektonisch aufeinander – an die massiven und überladenen, Giebel und Türmchen tragenden Wohnhäuser der Kaiserzeit grenzen sachlich schlichte, in Glas und verkleidetem Beton aufgeführte Nutzbauten: das zurückliegende neue Hörsaalgebäude und davor, verbunden durch flache Treppenhöfe mit springendem Brunnen, der Verwaltungstrakt der Universität an der Straßenfront. Gegenüber ist mit besonderem Geschick die Stadthalle, zugleich Theater und Kongreßsaal, zwischen die im Baustil so heterogenen Bauten des Gymnasiums und des Universitätsmuseums eingefügt; den aufstrebenden Dachgiebeln des Theaters hält auf der anderen Seite der Biegenstraße die Betonkonstruktion der katholischen Peter- und Paulskirche das Gleichgewicht.

Den Übergang zu den Türmen der Universität jenseits der Lahn bildet der ausgedehnte Komplex des Studentenwerks, der sich um die Mensa auf dem alten Bleichrasen konzentriert. Unterführungen und leichte Brückenstege schließen den Bezirk an die mächtige Karl-Schumacher-Brücke an, von der aus in kräftigen Schwüngen Glaskopf, Richtsberg und die Universitäts-Institute auf den Lahnbergen erreicht werden, von denen die naturwissenschaftlichen schon in Gebrauch sind und einen eigenen Campus im Walde bilden. Hier ist aus der Stadtmitte heraus eine leistungsfähige Verbindung und allen Hindernissen zum Trotz der Zusammenhalt zwischen Alt und Neu entstanden.

Marburg in Aufbau und Umbruch – dies kennzeichnet den unruhigen Rhythmus der Stadt heute wie eh und je.

1122	Die Landgrafen von Thüringen beerben das Grafengeschlecht der Gisonen an der oberen Lahn
1138	Erste urkundliche Bezeugung der Burg
1222	Marburg wird als »civitas« bezeichnet, ist also Stadt
1228	Elisabeth (1207–1231), verwitwete Landgräfin von Thüringen, gründet ihr Franziskus-Spital
1234	Marburg ist von einer Mauer umringt. Der Deutsche Orden übernimmt das Franziskus-Spital und die Grablege Elisabeths, die Franziskaner erbauen in der Stadt das Barfüßerkloster
1235	Heiligsprechung Elisabeths und Grundsteinlegung der Elisabethkirche
1248	Elisabeths Tochter Sophie von Brabant (1224[?]–1275) macht ihre Erbansprüche geltend, die Marburger huldigen ihrem Sohn Heinrich
1283	Weihe der Elisabethkirche
1288	Die Schloßkapelle wird geweiht
1291	Baubeginn am Dominikanerkloster
1311	Erste Stadtrechtsurkunde
1330	Vollendung des Saalbaus auf dem Schloß
1471	Heinrich III., der Reiche, beginnt den Ausbau des Schlosses, Hans Jakob von Ettlingen wird als Baumeister gewonnen
1527	Gründung der Universität durch Philipp den Großmütigen (1504–1567) als protestantische Hochschule
1529	Marburger Religionsgespräch
1604	Ludwig IV. stirbt kinderlos; Marburg hört auf, Residenz zu sein
1627	100-Jahr-Feier der Universität, Marburg gehört von 1624 bis 1644 zu Hessen-Darmstadt
1653	Neugründung der Universität durch Landgraf Wilhelm VI. von Hessen-Kassel
1724	Christian Wolff (1679–1754) wird berufen
1727	200-Jahr-Feier: 174 Studenten
1787	Goethes Freund Heinrich Jung-Stilling (1740–1817) lehrt in Marburg Kameralwissenschaften
1807	Marburg wird Hauptstadt des Werra-Departements im Königreich Westfalen unter Jérôme Bonaparte
1813	Rückkehr des Landgrafen Wilhelm, seit 1803 Kurfürst von Hessen
1866	Die Stadt fällt an Preußen
1895	Emil von Behring (1854–1917) erhält eine Professur für Hygiene – 1901 bekommt er den Nobelpreis für Medizin
1927	400-Jahr-Feier der Universität: Errichtung des Ernst-von-Hülsen-Hauses mit dem Universitätsmuseum
1944	Zerstörungen in der Nordstadt durch Luftangriffe
1945	Amerikanische Besetzung: Wiedereröffnung der Universität mit 2543 Studierenden

Chronik
in Schlagzeilen

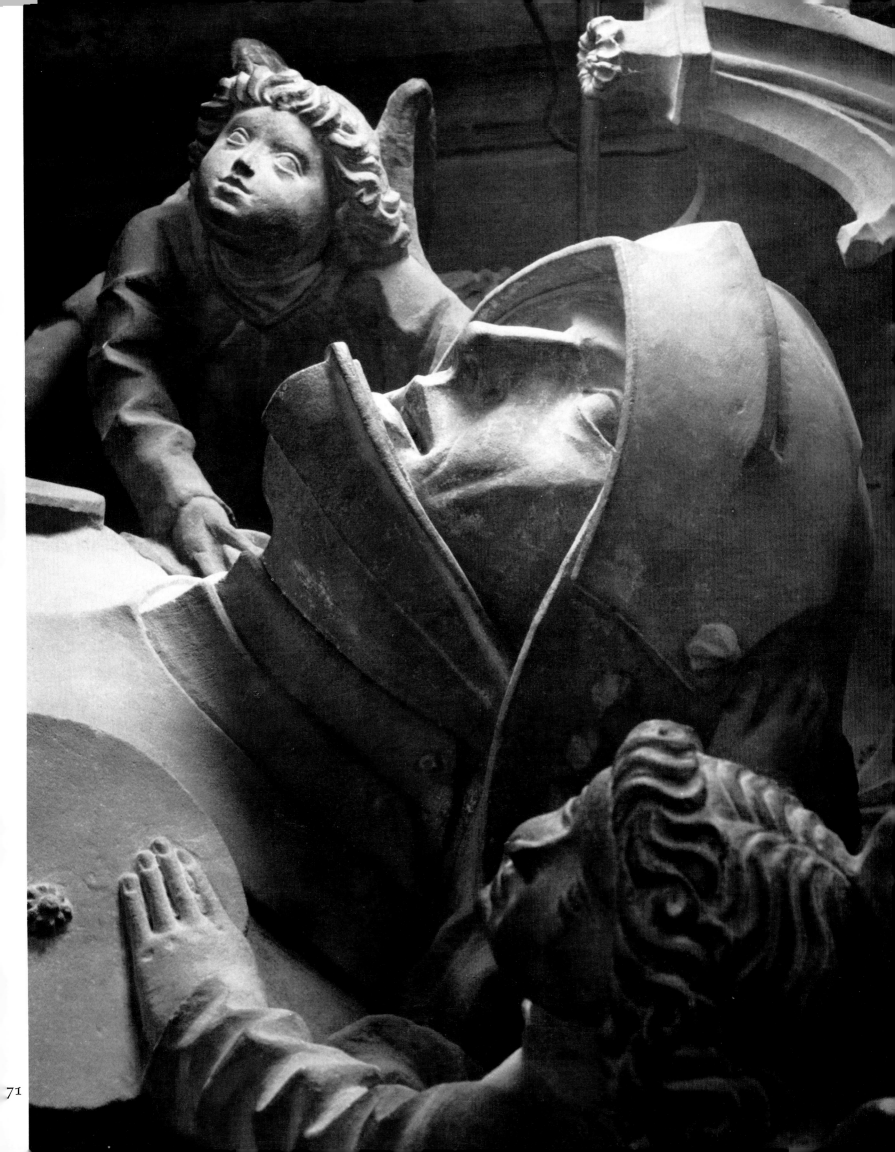

Universitätsstadt Marburg an der Lahn, Kreis Marburg-Biedenkopf, Land Hessen

Name	entstanden aus »marcpurg«, Grenzburg; älteste in der Literatur belegte Stelle in der »Kaiserchronik« (1150)
Stadtgründung	1222 wird in der »Reinhardsbrunner Chronik« Marburg als »civitas« bezeichnet, es ist eine landgräfliche Stadt
Stadtwappen	Landgräflicher Reiter mit Fähnlein und Schild, darauf der thüringische Löwe Kleines Wappen am Rathaus: 1524 Helm mit hoher Helmzier, daneben der Märker »M« als Kennzeichen für Marburger Waren, darunter das Marburger graue Tuch. Stadtfarben blau-weiß-rot
Geographische Lage	50° 49' nördlicher Breite und 8° 45' östlicher Länge
Höhe	Vorspringender Sporn des Schloßberges: 287 m Lahnspiegel: 176,3 m Spiegelslust-Turm: 409 m Dammelsberg: 318 m
Einwohner in neuerer Zeit	1866: 7718 Einwohner in 781 Häusern, 264 Studenten; 1914: 22 000 Einwohner, 2464 Studierende; 1931: 26 500 Einwohner, 4387 Studierende (Höchststand zwischen den Weltkriegen), Eingemeindung von Ockershausen. Zwischen 1939 und 1946 Zuzug von 11 628 Personen, zumeist Flüchtlinge. 1958: 43 509 Einwohner, 5449 Studierende, davon 1400 Frauen; 1974 wächst Marburg durch Eingliederung umliegender Gemeinden auf 71 000 Einwohner bei 14 400 Studierenden.

Marburg
in Zahlen

Swiridoff-Bildbände. © Verlag Günther Neske Pfullingen 1976. Alle Rechte vorbe-
halten. Aufnahmen und Gestaltung Paul Swiridoff, Schwäbisch Hall. Aufgenommen
mit der Rollei SL 66 auf Kodak Vericolor II professional und Ektachrome professional. Gesamtherstellung: Augsburger Druck- und Verlagshaus GmbH, Augsburg.
ISBN 3 7885 0053 0. Printed in Germany

9 Der Renaissancegiebel des Treppenturms am Rathaus und die Krönungsfigur des Marktbrunnens. Diese – ein Sankt Georg – ist ein Werk des Kölner Bildhauers Breitenbach von 1951 und eine Stiftung der Marburger »Gebrüder Bopp«.

10 Blick auf die Ostseite des Schlosses mit Marienkirchturm und dem Giebel der alten Kanzlei; im Vordergrund die Stadt-Autobahn mit der Fußgänger-Überführung.

11 Die Elisabethkirche von Südosten; zur Rechten die Universitäts-Kinderklinik, am linken Bildrand die Hals-, Nasen- und Ohrenklinik an der Deutschhausstraße. Beide Kliniken wurden zur 400-Jahr-Feier der Philipps-Universität 1927 ihrer Bestimmung übergeben; die Kinderklinik ist ein Geschenk des Amerikaners George D. Horst aus Reading, USA.

12 Marktgasse 17, Ecke Wettergasse: hier wohnte von 1723 bis 1740 der Philosoph und Mathematiker Christian Wolff, Lehrer und Gönner Michail Lomonossows, der von 1736 an in Marburg studierte und eine Marburgerin, Elisabeth Zilch, als seine Frau mit nach Rußland nahm.

13 Die Reitgasse; im Café Vetter, dem Treffpunkt der angehenden Philosophen, war im Sommer 1912 Boris Pasternak ein häufiger Gast.

14 Obere Reitgasse; Clemens Brentano wohnte 1803/04 mit seiner Frau im Hause des Obristen von Henndorf, jetzt Café Markees. Er hatte sich am 29. November 1803 in der Marienkirche mit der geschiedenen Sophie Mereau evangelisch trauen lassen.

15 Noch einmal die Reitgasse; das Haus Nr. 7 (Universitätsbuchhandlung N. G. Elwert) stammt von 1545.

17 Die Fußgängerzone in der Wettergasse

18–19 Der auf drei Ebenen verlaufende Steinweg, einst Wohngegend der reichen Bürger an gepflasterter Straße; der Blick geht hinauf zum Dörnberger Hof, heute Geographisches Institut und Sternwarte.

20–21 Das einzige romanische Bauwerk Marburgs, die frühere Kilians-Kapelle (Ende des 12. Jahrhunderts); als Gotteshaus der damaligen Marktsiedlung unterstand der »Kilian« der Pfarrei in Oberweimar. 1527 wurde das Gebäude der Stadt zur Nutzung übergeben und diente bis 1689 als Stadtwaage, danach als Waisenhaus und Schule.

22–23 1560 ließ der Rat der Stadt, der behauene Steine benötigte, Giebel und Gewölbe der Kilians-Kapelle abtragen und 1584 einen Fachwerk-Oberbau aufsetzen. Der Chor wurde 1538 der Schuhmacherzunft als Zunftstube vermietet, der alte Totenhof diente seither als Schuhmarkt. Im Hintergrund: der Ostgiebel des Rathauses.

24 Am Schuhmarkt hinter dem »Kilian«

26–27 Auf dem Marktplatz

28–29 Sommerlicher Frühschoppen vor dem Rathaus

30 Blick vom Obermarkt auf das Rathaus: 1512 wurde der Grundstein gelegt, 1527 der Bau bezogen. Baumeister waren Meister Jost, der Stadtmaurer, und Meister Kuno von Lich.

31 Die Schloßkapelle, 1288 geweiht, erbaut von Landgraf Heinrich I. (1247–1308); Uhr und Haubenreiter sind von Ebert Baldewein 1568 hinzugefügt worden.

33 Der Marktbrunnen, der »Komp«: daß Sophie, älteste Tochter der heiligen Elisabeth und verwitwete Herzogin von Brabant hier als Landgräfin von Hessen 1248 die Huldigung der Marburger Bürger für sich und ihren kleinen Sohn Heinrich entgegennahm, kündet eine Gedenktafel. Linkerhand streift der Blick das einstige Wohnhaus von Denis Papin, der in Marburg 1690 die erste kontinuierlich arbeitende Kolben-Dampfmaschine erfand. Er war von 1688 bis 1695 Ordinarius für Mathematik an der Universität und gehörte zur Hugenotten-Gemeinde.

34–35 Häuser am Obermarkt: Nr. 21 wurde 1560 erbaut, das »Haus zum rothen Hirschen« (Nr. 19) ließ 1566 der Fürstliche Rat Dr. Diemar errichten.

36 An der Schloßstiege; im Mittelfeld links der Giebel der von Ebert Baldewein 1573 bis 1577 erbauten landgräflichen Kanzlei – jetzt Institutsgebäude der Universität.

38 Aufstieg von der Neustadt zum Renthof; die Häuserflucht wird nach oben abgeschlossen vom einstigen Dörnberger Hof, den Hans Jakob von Ettlingen 1492 für den hessischen Landhofmeister Hans von Dörnberg als festes Haus unter dem herrschaftlichen Renthof aufführte.

39 Blick von der hohen Elisabethkirche über den »Roten Graben« hinauf zur Nordseite des Schlosses. Links auf dem Schloßberg der Wilhelmsbau, den Landgraf Wilhelm III. zwischen 1493 und 1497 durch Ettlingen bauen ließ, der auch den »Hexenturm« (ganz rechts), den letzten noch erhaltenen Festungsturm, als Eckbefestigung in den Mauerring einließ.

40 Blick vom Schloßberg über den Turm der Marienkirche; für den Schauenden heben sich aus dem Marburg umgebenden Hochwald die Neubauten der Richtsberg-Siedlung hervor, darunter im Talgrund die Stadt-Autobahn und die Adolf-Reichwein-Schule.

42 Der Chor der Marienkirche mit Baldeweins Renaissance-Vorbau, darüber Ritterstraße und Schloß.

43 Der Schloßhof, rechts die Kapelle, links der Rittersaal.

44–45 Das Landgrafenzimmer im Schloß. 1529 lud Philipp der Großmütige die Wittenberger, die Schweizer und die süddeutschen Reformatoren zu einem Gespräch ein, in der Hoffnung, daß eine Begegnung zwischen Luther und Zwingli zu einer Einigung in der Abendmahlslehre führen könne. Dies »Marburger Religionsgespräch« blieb im wesentlichen ergebnislos, es fand im südlichen Wohntrakt des Landgrafenschlosses statt.

46 Hauben-Dachreiter und Gaubengiebel am Schloß

47 Westturm der Marienkirche, 1447–1473; der Chor der Kirche, den als Patronatsherr der Deutsche Ritterorden bereits 1297 weihen ließ und das Kirchenschiff (1318–1395, zuletzt unter Meister Tyle von Frankenberg als tätigem Baumeister) beherrschten schon vorher das Stadtbild.

48 Auf dem Platz vor der Marienkirche

49 Blick auf das Schloß zwischen Marienkirche und altem Pfarrhof (1370); die spätromanischen Zierkonsolen am Eckturm des Pfarrhofs stammen vielleicht noch von der romanischen Stadtkirche, der Vorgängerin der Marienkirche.

50 Die Kugelkirche und das Fraterhaus zum »Lewenbach« – die Klosteranlage der Kugelherren (1476–1491). Der Name leitet sich von der runden Kappe der »Brüder vom gemeinsamen Leben« ab, der Kogel. Seit 1827 dient die Kugelkirche als Gotteshaus der katholischen Gemeinde.

51 Am Barfüßertor; das Haus Nr. 3, die einstige Terminei (Stadthof) der Arnsburger Zisterzienser, wurde 1528 durch Landgraf Philipp dem Reformator Hessens, dem Professor der Theologie Adam Krafft (1493–1558) zum Geschenk gemacht.

52 Unter der steilen Ostfront des Rathauses führt die Markttreppe vom oberen Hirschberg – ganz rechts das Haus Nr. 2, in dem Erwin Piscator seine Jugend verlebte – zum Marktplatz hinauf.

53 In der Wettergasse

54 Der Aufgang zur Oberstadt: hier, wo früher das Gymnasium Philippinum stand, wurde 1865 die Stadtmauer durchbrochen, um einen Zugang zu den Gärten vor der Stadt, dem späteren Bauland, zu gewinnen.

55 Kaufhaus Horten an der Universitätsstraße, eröffnet im April 1975.

56 Der Hirschberg; die steile Südfront des Rathauses schließt den Gassenzug ab.

58 Semesterbeginn am Studentenhaus (»Mensa«)

59 Am Rudolphsplatz. Hier stand auf dem Felsen über der Lahn das Dominikanerkloster, seit 1527 »Hohe Schule« und Pädagogium. Der Neubau von 1872 bis 1891, heute die »alte Universität« genannt, erfolgte nach der Annexion des Kurfürstentums Hessen durch Preußen. Vom Kloster blieb nur die um 1320 vollendete Kirche bestehen (Universitätskirche).

60 Im Tal verläuft die von Napoleon befohlene erste Umgehungsstraße Marburgs, der Pilgrimstein, hier seine Einmündung unter der Mühltreppe.

61 Der steile Hochgiebel der Stadthalle links im Bild wird ausgewogen durch den einzeln stehenden Glockenturm von St. Peter und Paul, im Mittelfeld das Auditoriengebäude: bei der Schlüsselübergabe 1964 studierten in Marburg rund 8000 Studenten. Die Weihe der Peter- und Paulskirche vollzog 1959 der Bischof von Fulda, die Stadthalle, das »Erwin-Piscator-Haus«, wurde 1969 ihrer Bestimmung übergeben, Theater- und Konzertabende, Kongresse und Versammlungen finden dort statt, aber auch Bälle und andere Feste.

63 Zu den großen Kunstwerken, die den Innenraum der Elisabethkirche schmückten, gehört der gewirkte Bildteppich mit dem Gleichnis vom verlorenen Sohn. Wer den Teppich schenkte, wo und wann er entstand, läßt sich urkundlich nicht belegen. Kostümgeschichtliche Merkmale weisen auf das erste Drittel des 15. Jahrhunderts hin, seine Entstehungslandschaft ist im hessisch-thüringischen oder im niederrheinischen Raum zu vermuten. (Im Universitätsmuseum für Kunst- und Kulturgeschichte.)

64 Nebelschwaden verschleiern den Aufblick vom Universitätsgelände am Krummbogen hinauf zum Schloß. Mit Recht wird der Name Marburg mit dem keltischen Wort für Sumpf: ›mar‹ in Verbindung gebracht.

65 Auf dem schmalen Geländestreifen zwischen Bahn und Stadt-Autobahn steht seit 1967 der Gebäudekomplex für die geisteswissenschaftlichen Fachbereiche: aus 30 im Stadtbereich verstreuten Einzelunterkünften nachbarlich zusammengefaßt. Das zehnstöckige Hochhaus in der Bildmitte ist der »Historiker-Turm«, dahinter die neue Universitätsbibliothek.

66 »Das Michelchen«, die frühgotische Sankt-Michaels-Kapelle am Berghang gegenüber der Elisabethkirche; sie wurde 1270 als Kapelle des Pilger- und Spital-Kirchhofes geweiht. Während viele andere nach der Reformation verfielen oder abgerissen wurden, blieb dies Kirchlein erhalten.

67 Die Elisabethkirche von Osten, rechts der Fruchtspeicher (1515) des einstigen Deutschordens-Gutes.

68–69 Der Firmaneiplatz erinnert an die bedeutende Niederlassung des Deutschen Ritterordens, seit 1255 Sitz der Ballei Hessen. In der Mitte die Residenz des Landkomturs, ein Anbau an das Herrenhaus, rechts der Fruchtspeicher.

70 Der Südflügel des Chors umschließt die Grablege der Landgrafen in der Elisabethkirche. Als erster ruht hier auf seinem steinernen Hochgrab Landgraf Konrad, Schwager der heiligen Elisabeth und Hochmeister des Deutschen Ordens († 1240).

71 Sarkophag Landgraf Ludwigs I. († 1458), ausgeführt von Meister Hermann 1471.

73 Blick vom Schloß lahnaufwärts nach Norden: es wird deutlich, daß die Elisabethkirche im Talgrund außerhalb der mittelalterlichen Stadt lag. Um die Kirche breitet sich das Klinikviertel aus, jenseits am ansteigenden Waldrand erste Häuser des 1964 bezogenen Studentendorfs.

74 Das Westportal der Elisabethkirche (um 1280): als Kirche des Deutschen Ordens wird sie durch die Marienstatue ausgewiesen, die Eisenbänder der Türflügel bilden das Ordenskreuz.

75 Das Bronzekruzifix von Ernst Barlach steht seit 1931 vor dem steinernen Lettner der Elisabethkirche, dessen reichen Figurenschmuck Bilderstürmer zerschlugen. Während des Krieges wurde die Plastik zum Einschmelzen bestimmt, überstand jedoch eingelagert bei Leitz in Wetzlar die gefährlichen Jahre.

76 Elisabeth-Statue eines unbekannten Künstlers (um 1470, Holz). Das Modell der Elisabethkirche auf ihrer Hand zeigt die hölzerne Brücke zwischen den Türmen, die urkundlich erst 1505 erwähnt und 1827 abgebrochen wurde.

77 Der Schrein der heiligen Elisabeth (Ausschnitt), ein Werk rheinisch-niederländischer Goldschmiede, wurde spätestens um 1250 vollendet, als der Ostchor geweiht und der Schrein mit den Reliquien auf dem Altar zur Verehrung durch die Pilger aufgestellt wurde. Kaiser Friedrich II. spendete aus seiner Edelsteinsammlung kostbare Steine und antike Gemmen; über einem Eichenholzkern ist der kreuzförmig gehaltene Schrein, der eine Kirche nachbildet, mit vergoldetem Kupfer überzogen. Der lehrende Christus thront in der Mitte der Längsfront zwischen den Aposteln, auf den Dachschrägen des Schreins stellen acht Bilder das fromme Leben der Heiligen dar. 1539 entfernte Landgraf Philipp die Gebeine der Heiligen aus dem Schrein, um der »abgötterey« ein Ende zu bereiten.

78 Der Giebel des Treppenturms, den Ebert Baldewein dem Rathaus 1581/82 anfügte. Er entwarf die Uhr, die Meister Christoph von Lich ausführte: der Wächter zur Linken, der Tod mit dem Stundenglas zur Rechten und der Hahn auf der Spitze bewegten sich gleichzeitig – heute kräht nur noch der flügelschlagende Hahn zur vollen Stunde.

79 Wochenmarkt auf dem Firmaneiplatz

Vorderes Umschlagbild:
Die Westfront der Elisabethkirche.

Hinteres Umschlagbild:
Das Schild Landgraf Konrads zeigt den thüringischen Löwen, der zwischen seinen Tatzen das Wappen des Deutschen Ordens hält (vergoldetes Leder, auf eine Holztafel gespannt). Die Prunkschilde waren im Landgrafenchor über den Grabmälern aufgehängt; jetzt im Universitätsmuseum.

Dem Schild unterlegt ist der Anfang des Schreibens Friedrichs II., mit welchem er im Juli 1234 auf Bitten des Landgrafen Konrad den Besitzstand des Franziscushospitals in Marburg bestätigt.

Vorderer Vorsatz:
Stadtsiegel Stempel Nr. 3 um 1280 (Staatsarchiv Marburg)